AF188982

Impressum
Verlag: BABADADA GmbH, Nedderfeld 112 , 22529 Hamburg
Geschäftsführer / Verlagsleitung: Harald Hof
Druck: Books on Demand GmbH, In de Tarpen 42, 22848 Norderstedt

Imprint
Publisher: BABADADA GmbH, Nedderfeld 112 , 22529 Hamburg, Germany
Managing Director / Publishing direction: Harald Hof
Print: Books on Demand GmbH, In de Tarpen 42, 22848 Norderstedt

# paaralan
## 學校

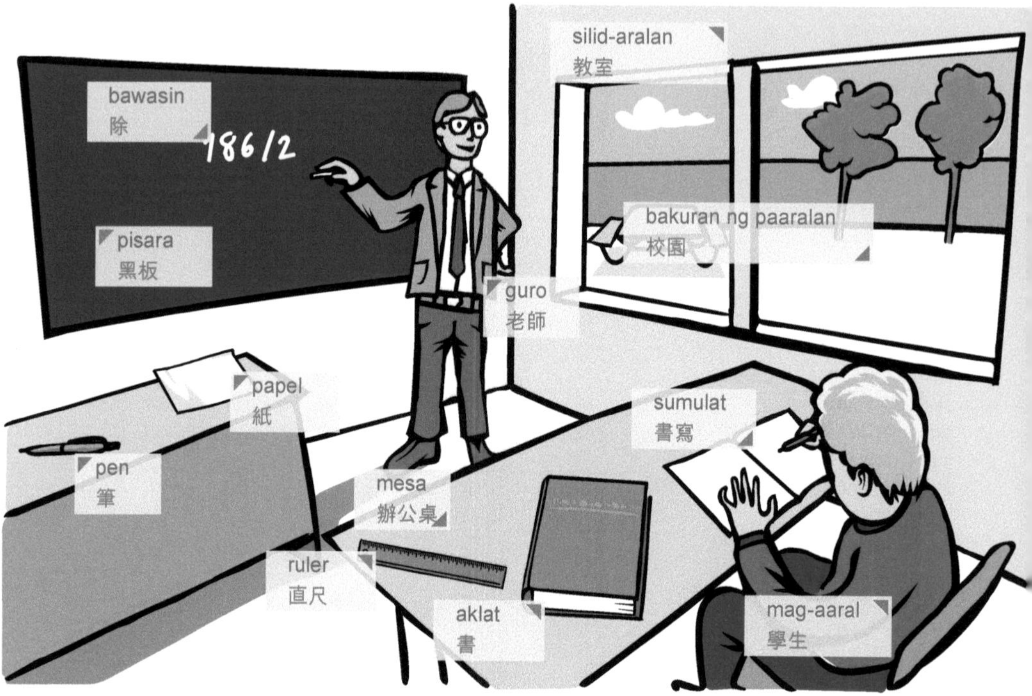
silid-aralan
教室
bawasin
除
186/2
pisara
黑板
bakuran ng paaralan
校園
guro
老師
papel
紙
sumulat
書寫
pen
筆
mesa
辦公桌
ruler
直尺
aklat
書
mag-aaral
學生

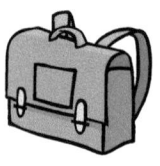

satchel
書包

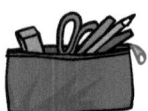

lalagyan ng lapis
鉛筆盒

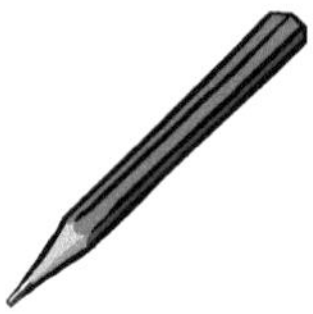

lapis
鉛筆

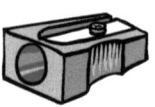

pantasa
削鉛筆機

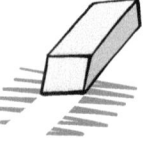

goma
橡皮擦

drowing pad
畫板

drowing
圖畫

pinsel na pampinta
畫筆

kahon ng pinta
顏料盒

gunting
剪刀

pandikit
膠水

aklat para sa pagsasanay
練習冊

takdang-aralin
家庭作業

numero
數字

dagdagan
加

bawasin
減

paramihin
乘

kalkulahin
計算

liham
字母

alpabeto
字母表

salita
字

teksto

課文

basahin

讀

yeso

粉筆

leksyon

上課

rehistro

登記

eksaminasyon

考試

sertipiko

證書

uniporme sa paaralan

校服

edukasyon

教育

encyclopedia

百科全書

unibersidad

大學

mikroskopyo

顯微鏡

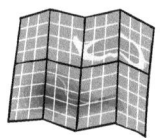

mapa

地圖

basurahan ng papel

廢紙簍

# paglalakbay
## 旅行

hotel
飯店
Grand
hostel
青年旅社
ROOMS
EXCHANGE
tanggapan ng palitan ng pera
外幣兌換處
maleta
手提箱
kotse
汽車

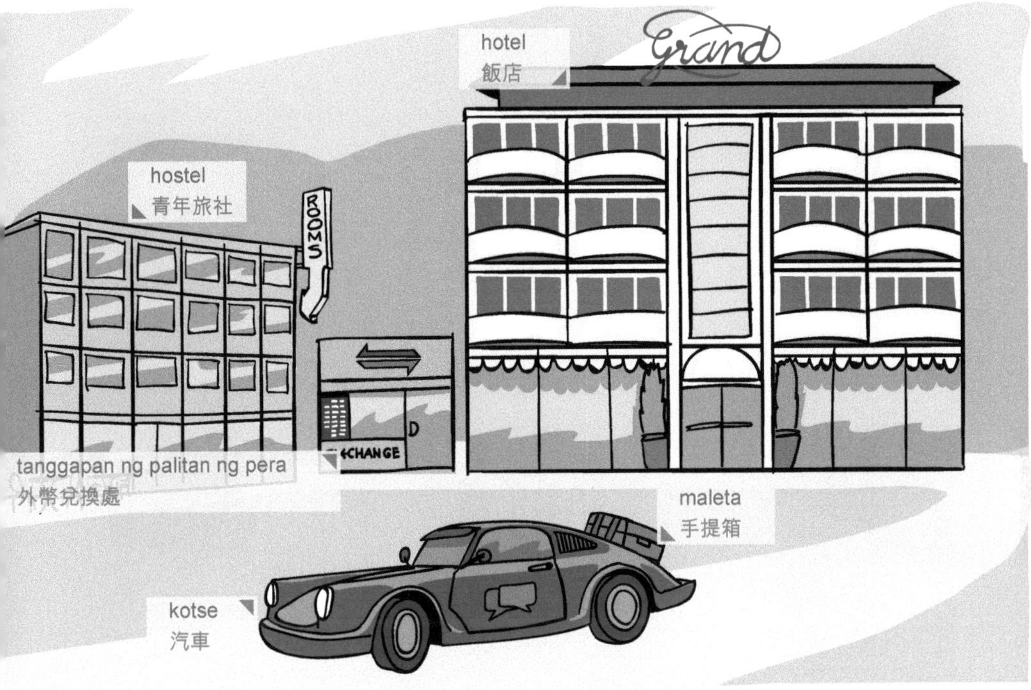

wika
語言

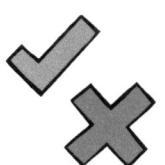

oo / hindi
是/否

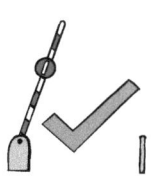

Okey
好的

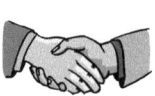

kumusta
您好

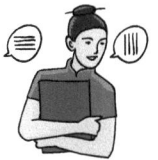

tagapagsalin
翻譯人員

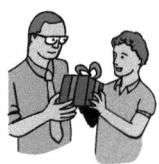

Salamat
謝謝

magkano ang...?

......多少錢？

Hindi ko maintindihan

我不明白

problema

問題

Magandang gabi!

晚上好！

Magandang umaga!

早上好！

Magandang gabi!

晚安！

paalam

再見

direksyon

方向

bahage

行李

bag

包

napsak

背包

panauhin

客人

silid

房間

sakong tulugan

睡袋

tolda

帳篷

impormasyon ng turista

旅行資訊

dalampasigan

海灘

credit card

信用卡

almusal

早餐

tanghalian

午餐

hapunan

晚餐

tiket

票

elebeytor

電梯

selyo

郵票

hangganan

邊界

adwana

海關

embahada

大使館

visa

簽證

pasaporte

護照

# transportasyon
# 交通運送

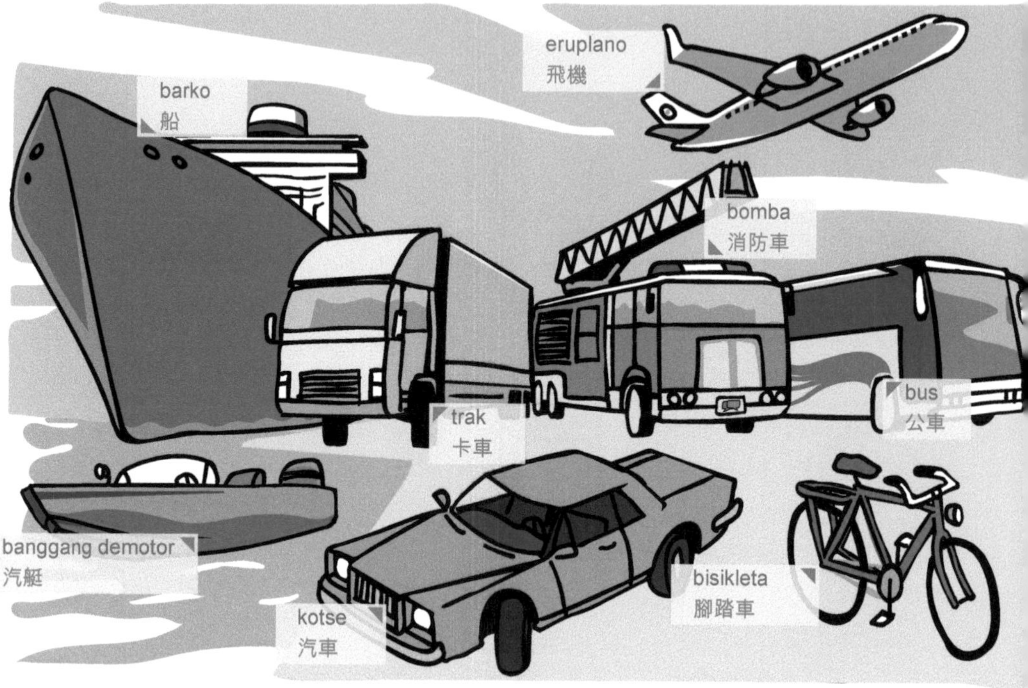

eruplano
飛機
barko
船
bomba
消防車
bus
公車
trak
卡車
banggang demotor
汽艇
bisikleta
腳踏車
kotse
汽車


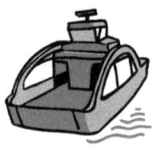

lantsang pantawid

渡輪

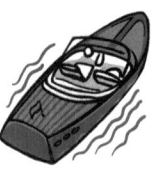

bangka

小船

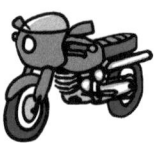

motorsiklo

機車

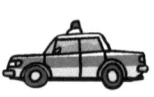

sasakyan ng pulis

警車

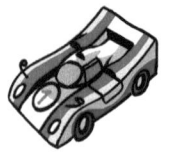

kotseng pangkarera

賽車

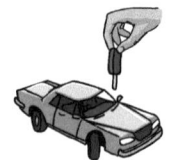

nirerentahang kotse

租車

car sharing

拼車

trak na panghila

拖車

trak na pantapon ng basura

垃圾車

motor

馬達

panggatong

汽油

gasolinahan

加油站

karatula ng trapiko

交通標識

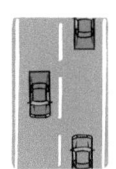

trapiko

交通

masikip na trapiko

交通堵塞

paradahan ng kotse

停車場

estasyon ng tren

火車站

riles

軌道

tren

火車

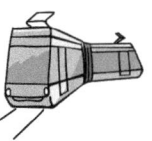

trambya

路面電車

wagon

客車廂

helikopter

直升機

paliparan

機場

tore

塔

pasahero

乘客

sisidlan

集裝箱

karton

紙板箱

kariton

手推車

basket

籃子

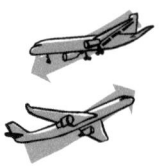

umalis / lumapag

起飛/降落

# lungsod

## 城市

nayon

村莊

sentro ng lungsod

市中心

bahay

房子

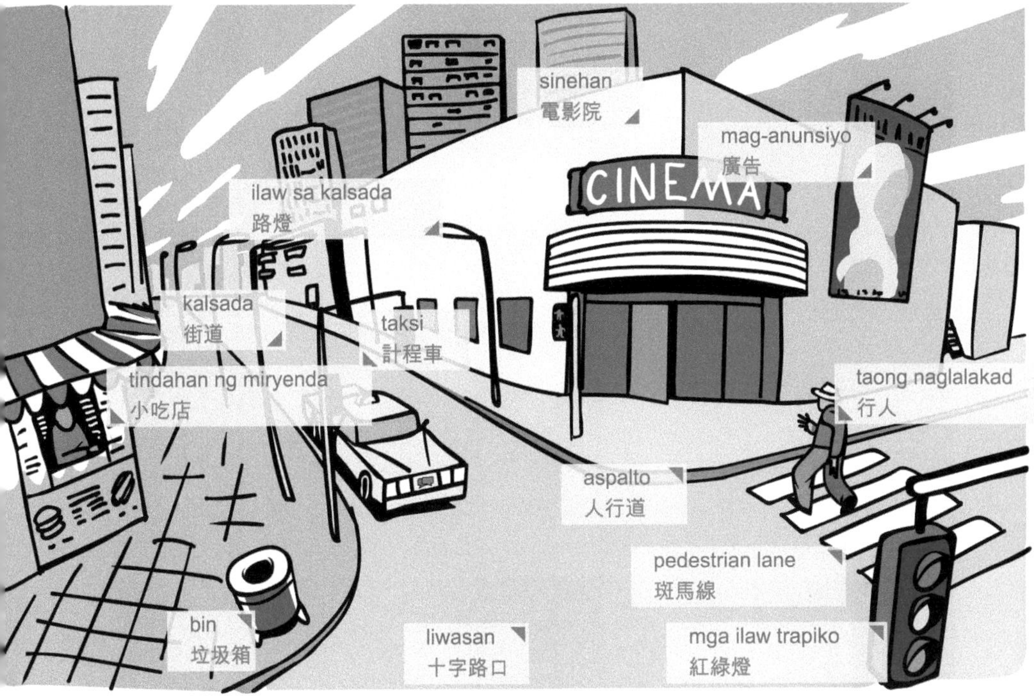

sinehan
電影院
mag-anunsiyo
廣告
CINEMA
ilaw sa kalsada
路燈
kalsada
街道
taksi
計程車
tindahan ng miryenda
小吃店
taong naglalakad
行人
aspalto
人行道
pedestrian lane
斑馬線
bin
垃圾箱
liwasan
十字路口
mga ilaw trapiko
紅綠燈

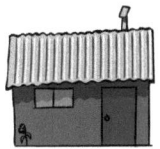

kubo

小屋

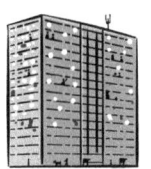

patag

公寓

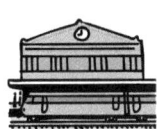

estasyon ng tren

火車站

munisipyo

市政廳

MUSEUM

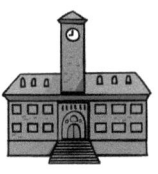

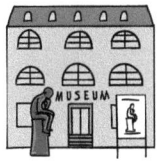

museo

博物館

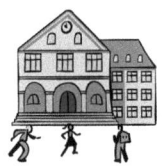

paaralan

學校

unibersidad

大學

bangko

銀行

ospital

醫院

hotel

飯店

parmasya

藥房

opisina

辦公室

tindahan ng aklat

書店

tindahan

商店

tindahan ng bulaklak

花店

supermarket

超市

palengke

市場

department store

百貨商店

tindahan ng isda

魚店

sentrong pamilihan

購物中心

daungan

海港

parke

公園

bangko

長凳

tulay

橋

hagdan

樓梯

underground

捷運

tunel

隧道

hintuan ng bus

公車站

bar

酒吧

restawran

餐館

kahon ng koreo

郵筒

karatula sa kalsada

路標

metro ng paradahan

停車計時器

zoo

動物園

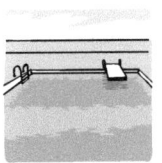

swimming pool

游泳池

moske

清真寺

bukid

農場

polusyon

污染

libingan

墓地

simbahan

教堂

palaruan

操場

templo

寺廟

## tanawin

## 地形

dahon
樹葉

posteng pananda
指示牌

daan
路

parang
草地

bato
石頭

kahoy
樹

hiker
徒步旅行者

ilog
河

damo
草

bulaklak
花

lambak

峽谷

burol

丘陵

look

湖

kagubatan

森林

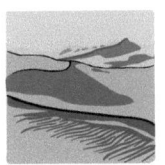

disyerto

沙漠

bulkan

火山

kastilyo

城堡

bahaghari

彩虹

kabute

蘑菇

palmera

棕櫚樹

lamok

蚊子

langaw

蒼蠅

langgam

螞蟻

bubuyog

蜜蜂

gagamba

蜘蛛

salagubang

甲蟲

palaka

青蛙

ardilya

松鼠

parkupino

刺蝟

liyebre

野兔

kuwago

貓頭鷹

ibon

鳥

sisne

天鵝

bulugan

野豬

usa

鹿

moose

麋鹿

dam

水壩

turbina ng hangin

風力發電機

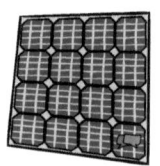

solar panel

太陽能電池板

klima

氣候

waiter
服務生

putahe
菜譜

silya
椅子

sopas
湯

pizza
披薩餅

kubyertos
餐具

mantel
桌布

panimula

前菜

pangunahing pagkain

主菜

panghimagas

甜點

inumin

飲料

pagkain

食物

bote

瓶子

fastfood

速食

pagkaing kalye

街邊小吃

tsarera

茶壺

panutsa

糖盒

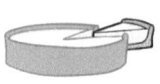

bahagi

一份飯菜

espresso machine

義式咖啡機

mataas na upuan

高腳椅

bayarin

帳單

bandehado

托盤

kutsilyo

刀

tinidor

餐叉

kutsara

勺子

kutsarita

茶匙

serviette

餐巾

baso

玻璃杯

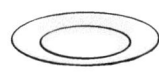

pinggan

碟子

platong pansopas

湯盤

platito

碟子

sawsawan

醬

pangkalog ng asin

鹽瓶

panggiling ng paminta

胡椒研磨罐

suka

醋

langis

食用油

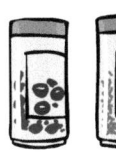

pampalasa

調味料

ketsup

番茄醬

mustasa

芥末

mayonnaise

美乃滋

# supermarket
# 超市

espesyal na alok
特價
kustomer
顧客
FOR
produktong mantikilya
乳製品
prutas
水果
troli
購物車

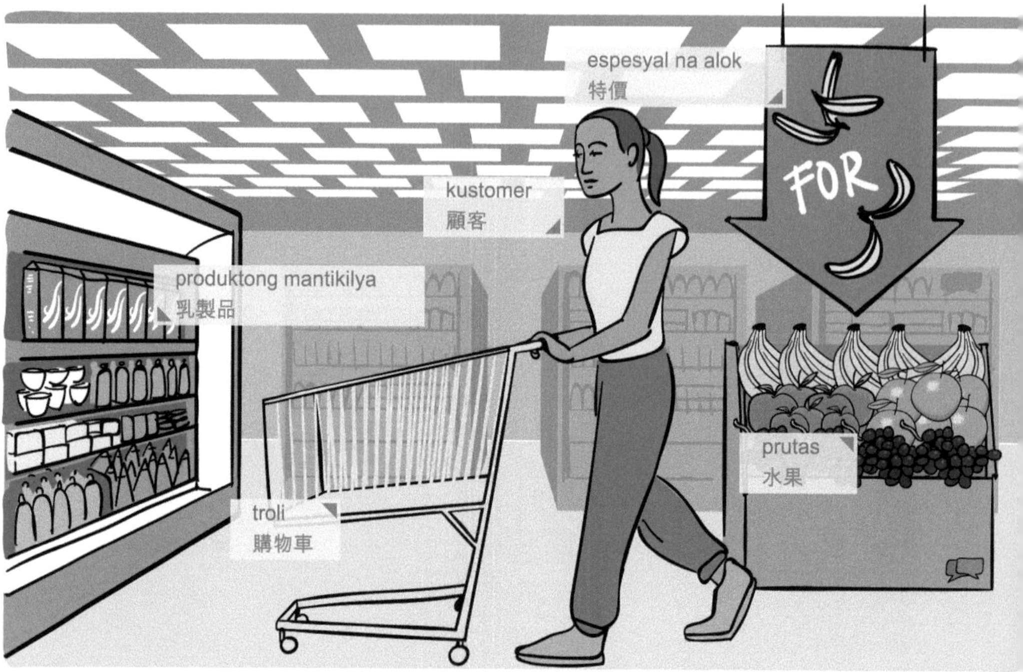

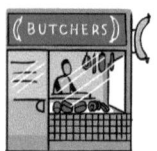

BUTCHERS

butser

肉鋪

BAKERY

panaderya

麵包店

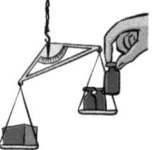

timbang

稱重

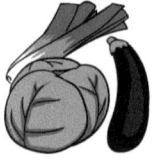

mga gulay

蔬菜

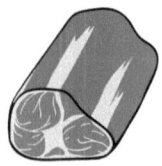

karne

肉

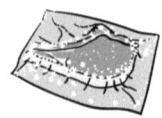

pinalamig na pagkain

冷凍食品

**malamig na karne**

冷盤

**delatang pagkain**

罐頭食品

**pulbos na panlaba**

洗衣粉

**matatamis**

甜食

**mga produktong pambahay**

日用品

**mga produktong panlinis**

清潔用品

**tindera**

銷售員

**cash register**

收銀機

**kahera**

收銀員

**listahan ng pinamili**

購物清單

**oras ng pagbubukas**

開放時間

**pitaka**

錢包

**credit card**

信用卡

**bag**

袋子

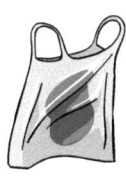

**plastik bag**

塑膠袋

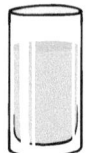

tubig

水

juice

果汁

gatas

牛奶

coke

可樂

alak

紅酒

serbesa

啤酒

alak

酒

kakaw

可可

tsaa

茶

kape

咖啡

espresso

義式濃縮咖啡

cappuccino

卡布奇諾

saging

香蕉

mansanas

蘋果

kahel

柳丁

melon

西瓜

limon

檸檬

carrot

胡蘿蔔

bawang

大蒜

kawayan

竹子

sibuyas

洋蔥

kabute

蘑菇

mani

堅果

noodles

麵條

spaghetti

義大利麵

bigas

米飯

ensalada

沙拉

chips

薯條

pritong patatas

炸馬鈴薯

pizza

披薩餅

hamburger

漢堡

sandwich

三明治

piraso ng karneng walang buto

炸豬排

hamon

火腿

salami

義大利臘腸

tsoriso

香腸

manok

雞肉

inihaw

烤肉

isda

魚

mga porridge oat

燕麥片

muesli

木斯里

cornflakes

玉米片

harina

麵粉

croissant

牛角麵包

rolyong tinapay

麵包捲

tinapay

麵包

tostado

吐司

biskuwit

餅乾

mantikilya

奶油

keso

凝乳

keyk

蛋糕

itlog

蛋

pritong itlog

煎蛋

keso

起司

sorbetes

冰淇淋

asukal

糖

pulot

蜂蜜

jam

果醬

tsokolateng pinapahid

巧克力醬

curry

咖哩

# bukid
## 農場

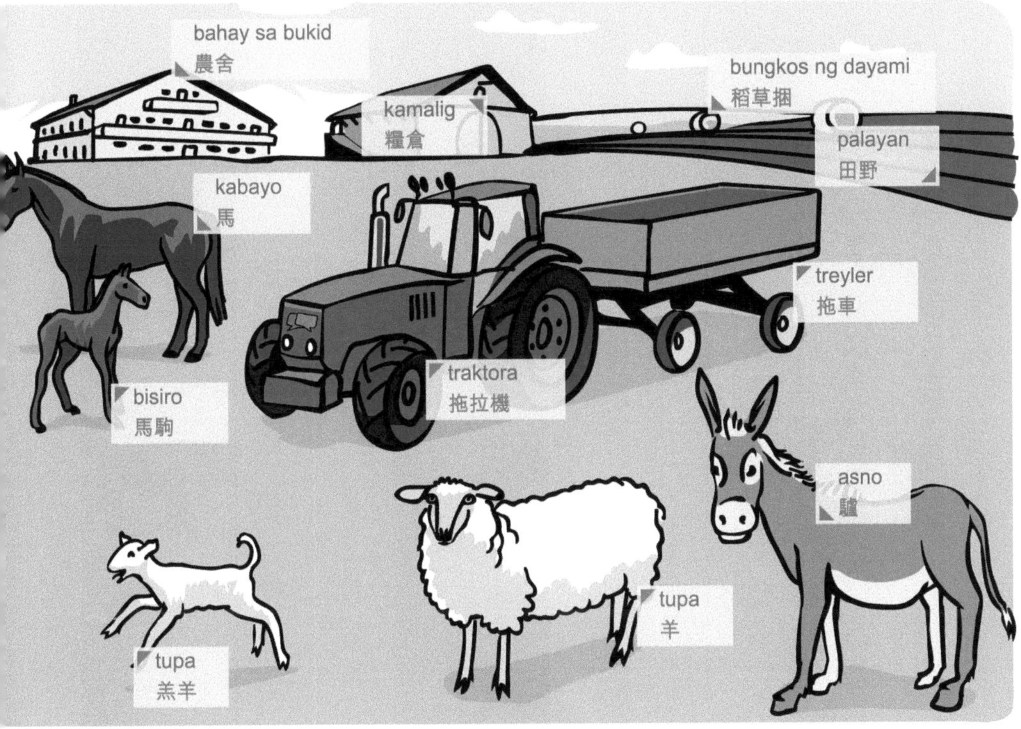
bahay sa bukid
農舍
kamalig
糧倉
bungkos ng dayami
稻草捆
palayan
田野
kabayo
馬
treyler
拖車
traktora
拖拉機
bisiro
馬駒
asno
驢
tupa
羊
tupa
羔羊

kambing

山羊

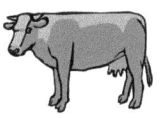

baka

奶牛

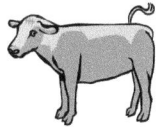

guya

小牛

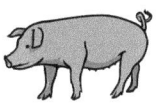

baboy

豬

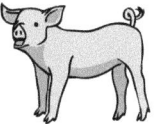

biik

小豬

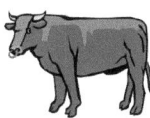

toro

公牛

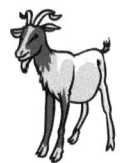

gansa

鵝

pato

鴨

sisiw

小雞

inahin

母雞

katyaw

公雞

daga

鼠

pusa

貓

daga

老鼠

kapong baka

牛

aso

狗

bahay ng aso

狗屋

hose sa hardin

花園澆水軟管

latang pandilig

澆水壺

haras

長柄大鐮刀

araro

犁

karit

鐮刀

asarol

鋤頭

tuhugin

長柄草耙

palakol

斧頭

karitela

獨輪手推車

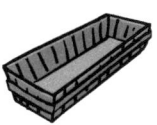

sabsaban

飼料槽

lata ng gatas

牛奶罐

sako

麻布袋

bakod

柵欄

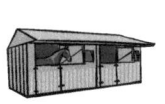

kuwadra

馬廄

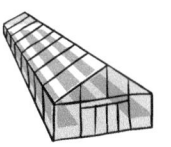

punlaan

溫室

lupa

土壤

buto

種子

pataba

肥料

combine harvester

聯合收割機

mag-ani

收割

ani

收割

yams

地瓜

trigo

小麥

soya

大豆

patatas

土豆

mais

玉米

rapeseed

油菜籽

kahoy na namumunga

果樹

kamoteng kahoy

樹薯

siryal

穀物

# bahay
# 房子

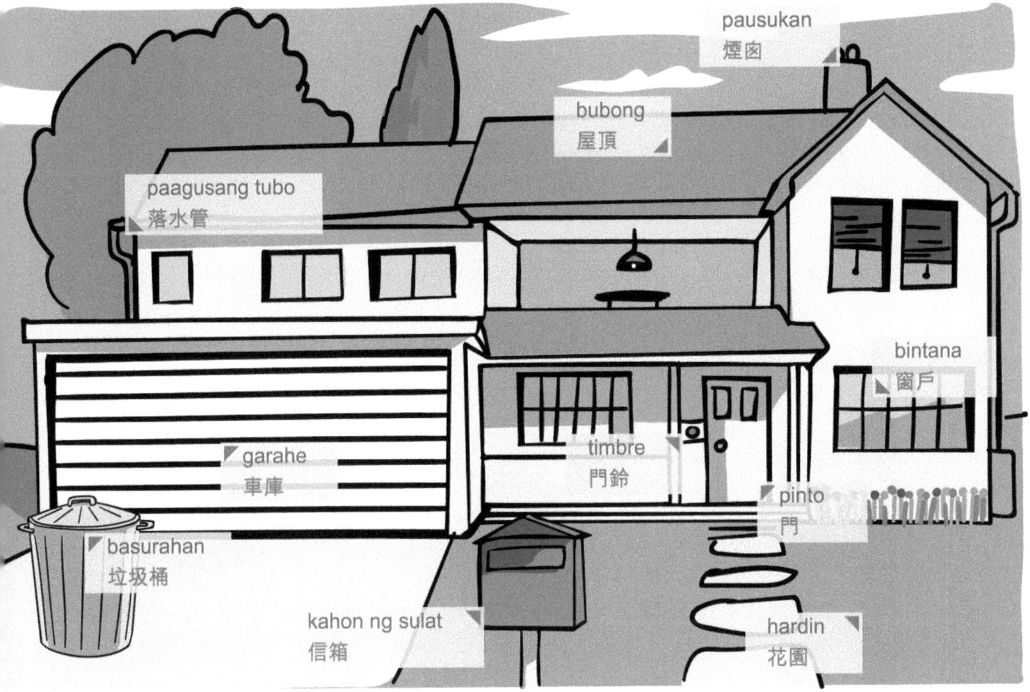
pausukan
煙囪
bubong
屋頂
paagusang tubo
落水管
bintana
窗戶
garahe
車庫
timbre
門鈴
pinto
門
basurahan
垃圾桶
kahon ng sulat
信箱
hardin
花園

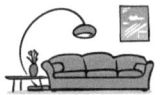

salas
客廳

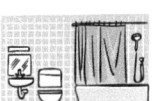

palikuran
浴室

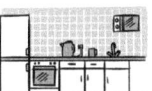

kusina
廚房

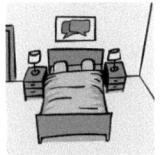

silid-tulugan
臥室

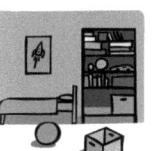

silid ng bata
兒童房

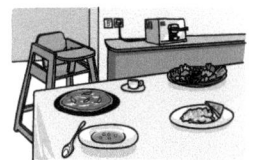

hapag-kainan
餐廳

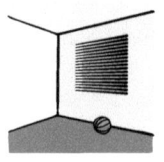

sahig

地板

pader

牆壁

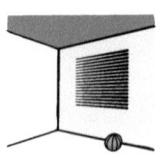

kisame

天花板

bodega ng alak

地窖

sauna

三溫暖

balkonahe

陽臺

terasa

露臺

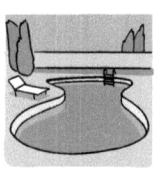

pool

游泳池

pamputol ng damo

割草機

piraso ng papel

被單

kobrekama

床罩

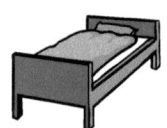

higaan

床

walis

掃帚

timba

水桶

pindutan

開關

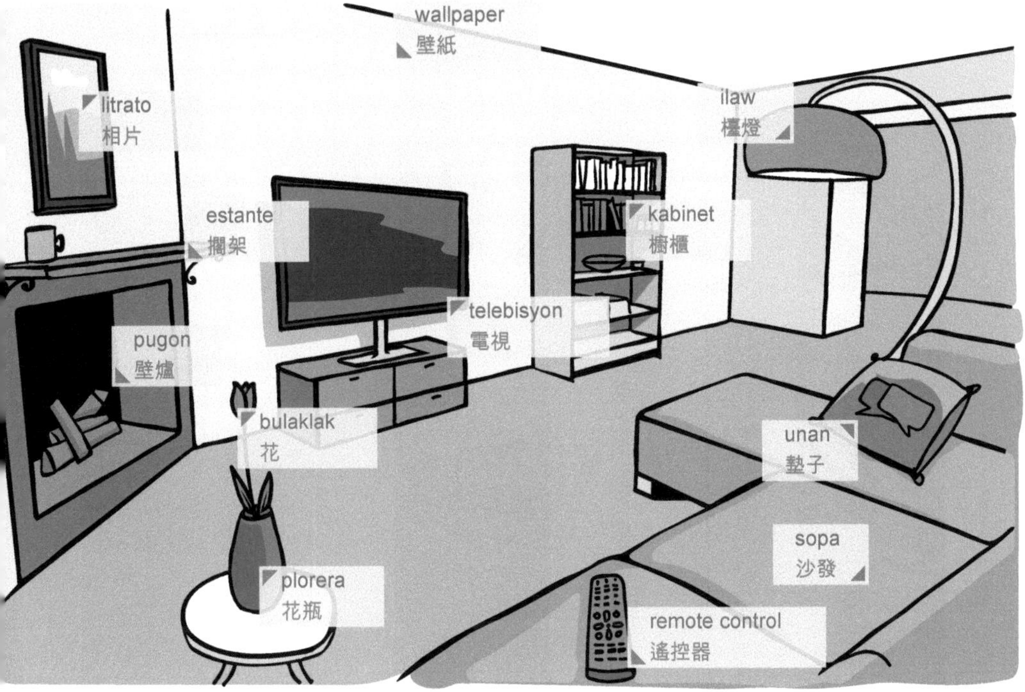

wallpaper
壁紙

litrato
相片

ilaw
檯燈

estante
擱架

kabinet
櫥櫃

pugon
壁爐

telebisyon
電視

bulaklak
花

unan
墊子

sopa
沙發

plorera
花瓶

remote control
遙控器

karpet

地毯

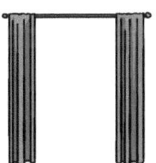

kurtina

窗簾

mesa

餐桌

silya

椅子

tumba-tumba

搖椅

sandalan

扶手椅

aklat

書

kumot

毯子

dekorasyon

裝飾品

kahoy na panggatong

木柴

pelikula

電影

hi-fi

高傳真音響

susi

鑰匙

dyaryo

報紙

pinta

油畫

poster

海報

radyo

收音機

kuwaderno

筆記本

vacuum cleaner

吸塵器

kaktus

仙人掌

kandila

蠟燭

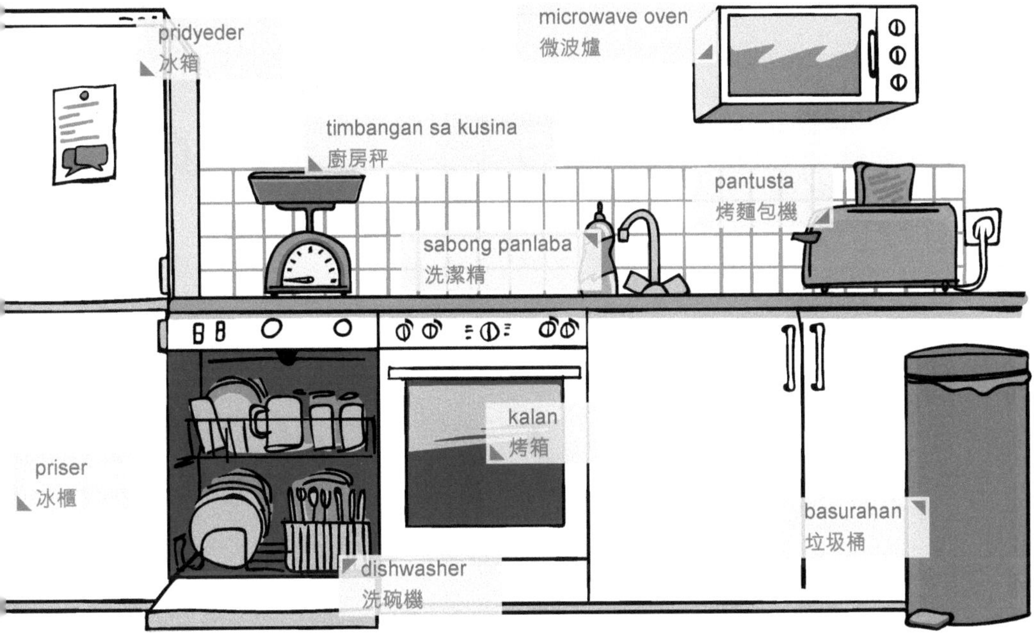

pridyeder
冰箱

microwave oven
微波爐

timbangan sa kusina
廚房秤

pantusta
烤麵包機

sabong panlaba
洗潔精

kalan
烤箱

priser
冰櫃

basurahan
垃圾桶

dishwasher
洗碗機

lutuan

炊具

kaldero

鍋

kalderong bakal

鑄鐵鍋

wok / kadai

炒鍋

kawali

平底鍋

takore

水壺

pasingawan

蒸鍋

bandehado sa paghuhurno

烤盤

babasagin

陶瓷鍋

mug

馬克杯

mangkok

碗

sipit ng intsik

筷子

sandok

長柄勺

spatula

鏟子

pampalis

攪拌器

pansala

濾網

salaan

篩子

pangkayod

磨碎機

almires

研缽

barbikyo

燒烤

siga

明火

tadtaran

菜板

rodilyo

擀麵杖

tribuson

開瓶器

lata

罐子

pambukas ng lata

開罐器

panghawak ng kaldero

隔熱手套

lababo

水槽

bras

刷子

espongha

海綿

blender

攪拌機

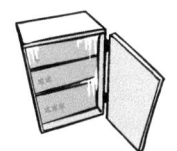

malalim na freezer

冷藏箱

bote ng sanggol

奶瓶

gripo

水龍頭

# palikuran

## 浴室

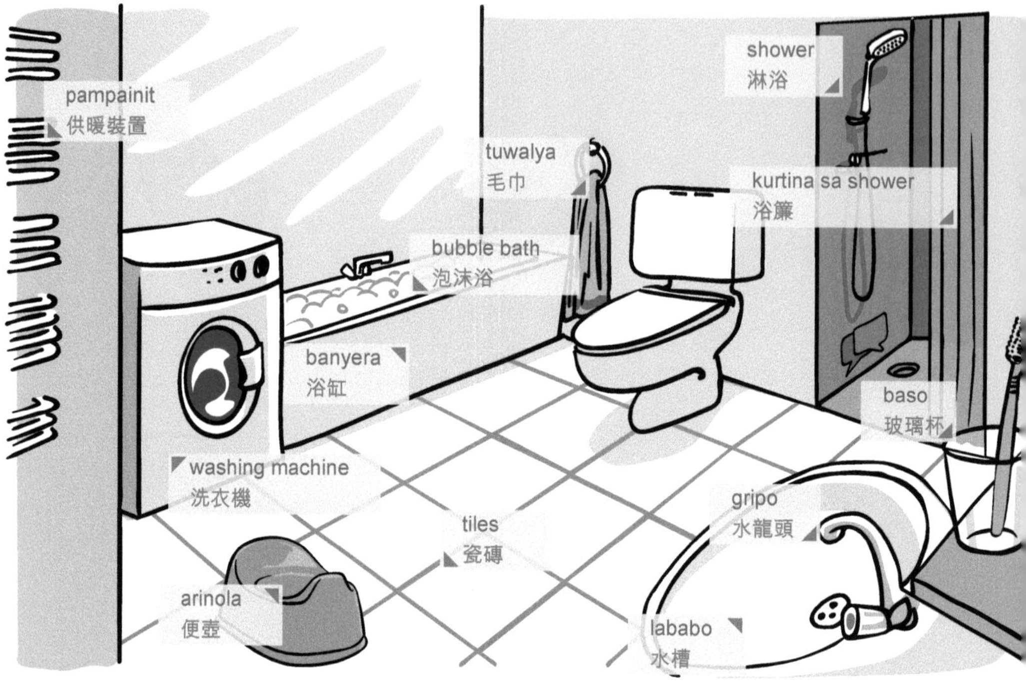

pampainit
供暖裝置
tuwalya
毛巾
shower
淋浴
kurtina sa shower
浴簾
bubble bath
泡沫浴
banyera
浴缸
baso
玻璃杯
washing machine
洗衣機
gripo
水龍頭
tiles
瓷磚
arinola
便壺
lababo
水槽


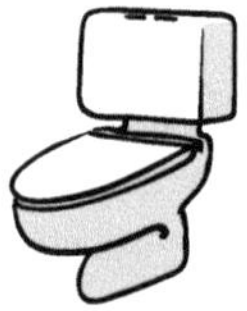

banyo

廁所

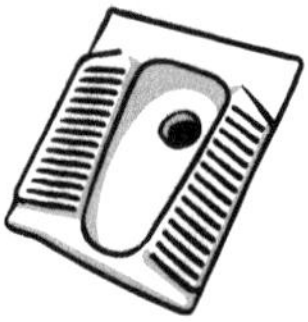

squat toilet

蹲便器

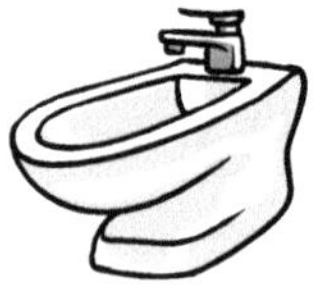

bidet

坐浴器

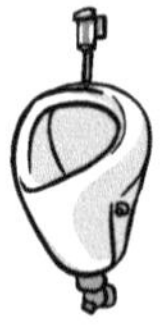

ihian

小便斗

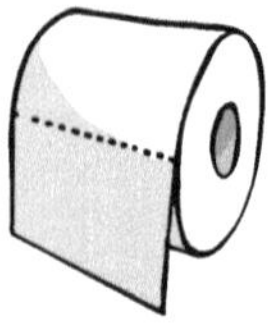

toilet paper

廁紙

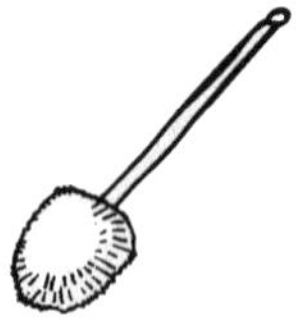

iskoba sa banyo

馬桶刷

sipilyo

牙刷

tutpeyst

牙膏

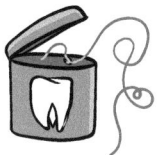

dental floss

牙線

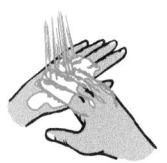

hugasan

洗

shower na hinahawakan

手持式蓮蓬頭

dutsa

沖洗器

palanggana

洗臉盆

bras panlikod

洗背刷

sabon

肥皂

shower gel

沐浴露

shampoo

洗髮乳

pranela

法蘭絨

paagusan

排水

krema

乳霜

deodorant

除臭劑

salamin

鏡子

salaming hinahawakan

手鏡

pang-ahit

刮鬍刀

bulang pang-ahit

刮鬍泡沫

aftershave

鬍後水

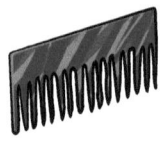

suklay

梳子

brush

刷子

pantuyo ng buhok

吹風機

sprey sa buhok

噴髮定型劑

makeup

化妝品

lipistik

唇膏

pampakintab ng kuko

指甲油

bulak na lana

化妝棉

panggupit ng kuko

指甲剪

pabango

香水

washbag

洗漱包

stòol

凳子

timbangan

計重秤

bata

浴袍

gomang guwantes

橡膠手套

tampon

衛生棉條

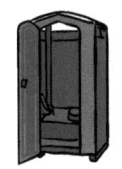

malinis na tuwalya

衛生棉

chemical toilet

化學廁所

# silid ng bata
## 兒童房

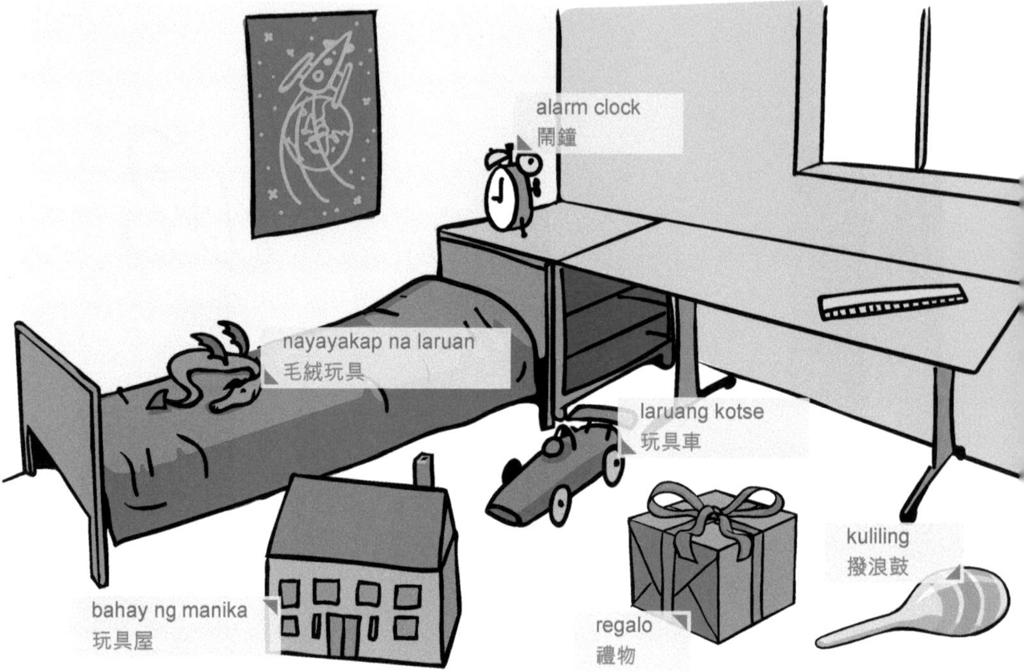

alarm clock
鬧鐘
nayayakap na laruan
毛絨玩具
laruang kotse
玩具車
kuliling
撥浪鼓
bahay ng manika
玩具屋
regalo
禮物


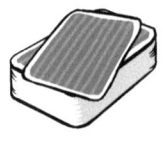

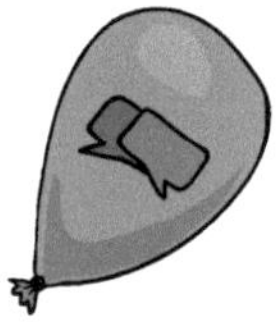
lobo
氣球

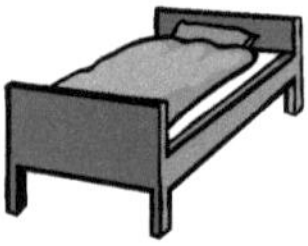
higaan
床

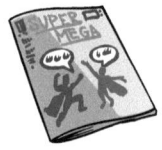

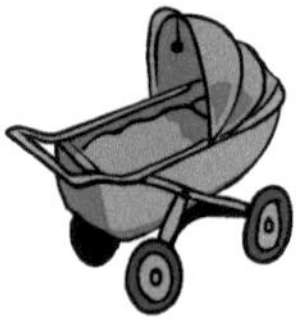
pram
嬰兒車

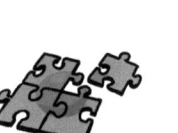

hanay ng mga baraha
撲克牌

jigsaw
拼圖

komiks
漫畫

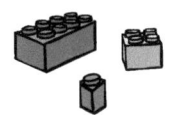

lego bricks

樂高積木

blokeng laruan

積木玩具

action figure

公仔

paglaki ng sanggol

嬰兒服

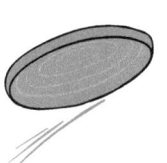

frisbee

飛盤

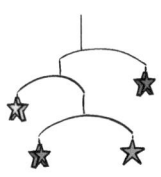

mobile

床鈴玩具

board game

棋盤遊戲

dice

骰子

model train set

火車模型

manikin

安撫奶嘴

salu-salo

派對

aklat ng mga litrato

繪本

bola

球

manika

洋娃娃

maglaro

玩

tibagan ng buhangin

沙坑

duyan

鞦韆

mga laruan

玩具

video game console

電玩遊戲

traysikel

三輪車

teddy bear

泰迪熊

aparador

衣櫃

## pananamit

## 衣服

medyas

襪子

stockings

長襪

pampitis

緊身褲

bandana
圍巾

payong
雨傘

t-shirt
T恤

sinturon
皮帶

bota
靴子

tsinelas
拖鞋

sneakers
運動鞋

sandalyas
涼鞋

sapatos
鞋

botang degoma
雨靴

salawal
內褲

bra
胸罩

tsaleko
背心

katawan

身體

pantalon

褲子

jeans

牛仔褲

palda

短裙

blusa

女式襯衫

kamiseta

襯衫

pullover

套頭衫

panlamig

連帽上衣

blazer

西裝夾克

diyaket

夾克

kapa

外套

kapote

雨衣

kasuotan

套裝

bistida

連衣裙

damit pangkasal

婚紗

terno

西裝

damit pantulog

睡袍

padyama

睡衣

sari

莎麗

bandana sa ulo

頭巾

turban

包頭巾

burka

波卡

kaftan

卡夫坦

abaya

(阿拉伯式)長袍

panlangoy

泳衣

trunks

男式泳褲

salawal

短褲

tracksuit

運動服

apron

圍裙

guwantes

手套

butones

鈕扣

salamin

眼鏡

pulseras

手鏈

kuwintas

項鍊

singsing

戒指

hikaw

耳環

takip

便帽

sabitan ng kapa

衣架

sombrero

帽子

kurbata

領帶

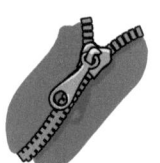

siper

拉鍊

helmet

安全帽

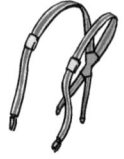

tirante

背帶

uniporme sa paaralan

校服

uniporme

制服

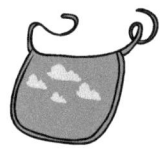

bibero

圍兜

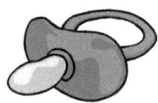

manikin

安撫奶嘴

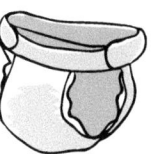

lampin

尿布

# opisina
# 辦公室

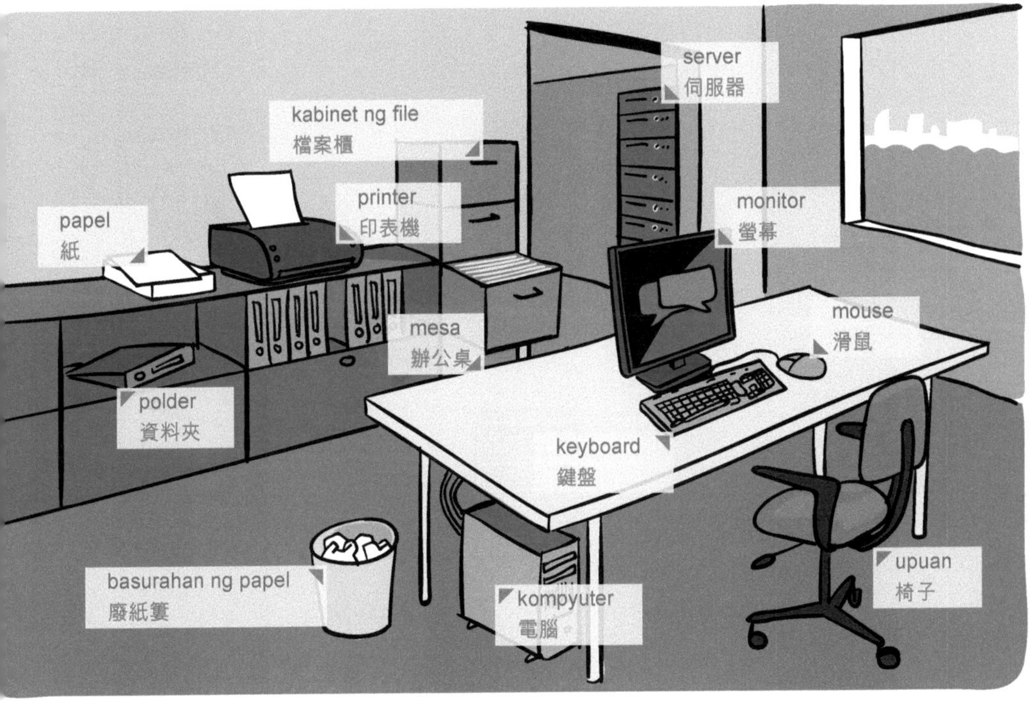
server
伺服器
kabinet ng file
檔案櫃
papel
紙
printer
印表機
monitor
螢幕
mesa
辦公桌
mouse
滑鼠
polder
資料夾
keyboard
鍵盤
upuan
椅子
basurahan ng papel
廢紙簍
kompyuter
電腦

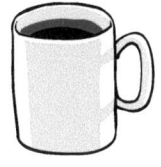

tasa ng kape

咖啡杯

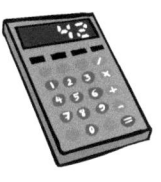

calculator

計算機

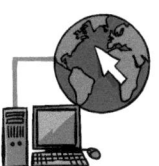

internet

網際網路

laptop

筆記型電腦

sulat

信件

mensahe

簡訊

mobile

行動電話

network

網路

photocopier

影印機

software

軟體

telepono

電話

saksakan

插座

fax machine

傳真機

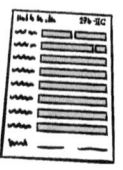

anyo

表格

dokumento

檔案

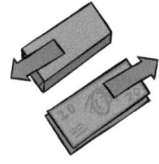

bumili

買

magbayad

付錢

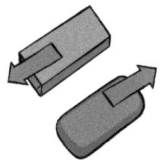

ikalakal

交易

pera

現金

dolyar

美元

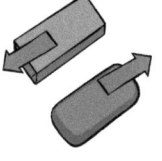

euro

歐元

yen

日元

rublo

盧布

swiss franc

瑞士法郎

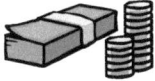

renminbi yuan

人民幣

rupee

盧比

cash point

提款處

tanggapan ng palitan ng
pera

外幣兌換處

ginto

金

tanso

銀

langis

石油

enerhiya

能源

presyo

價格

kontrata

合約

buwis

稅金

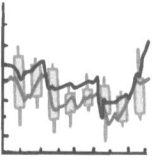

stock

股票

trabaho

工作

empleyado

職員

taga-empleyo

老闆

pabrika

工廠

tindahan

商店

# mga trabaho
# 職業

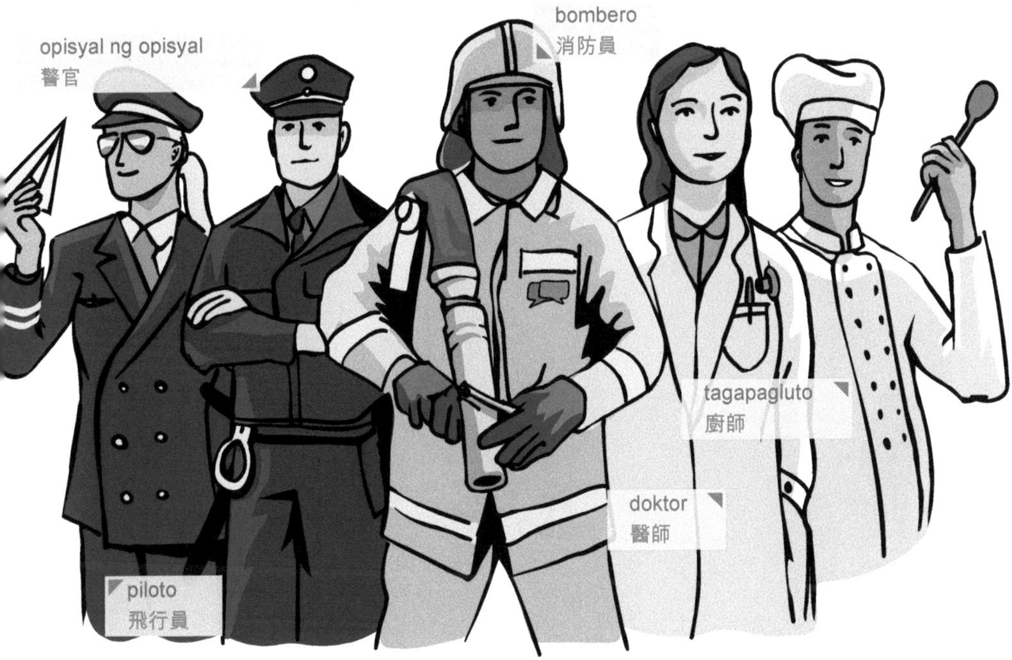

opisyal ng opisyal
警官
bombero
消防員
tagapagluto
廚師
doktor
醫師
piloto
飛行員


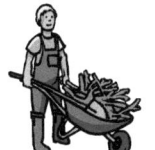

hardinero
園丁

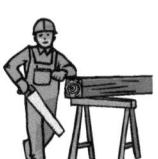

karpentero
木匠

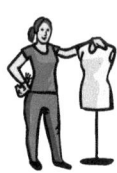

mananahi
裁縫

hukom
法官

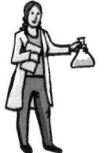

kemiko
化學家

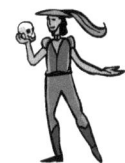

aktor
演員

tsuper ng bus

公車司機

tsuper ng taxi

計程車司機

mangingisda

漁夫

tagapaglinis

清洗女工

tagapagkabit ng bubong

屋頂工

waiter

服務生

mangangaso

獵人

pintor

畫家

panadero

麵包師

elektrisyan

電工

tagapagtayo

建築工人

inhinyero

工程師

magkakarne

屠夫

tubero

水管工

kartero

郵差

sundalo

士兵

arkitekto

建築師

kahera

收銀員

magtitinda ng bulaklak

花農

manggugupit

理髮師

konduktor

售票員

mekaniko

機械技師

kapitan

船長

dentista

牙醫

siyentipiko

科學家

rabbi

拉比

imam

伊瑪目

monghe

和尚

klero

牧師

# mga kagamitan
## 工具

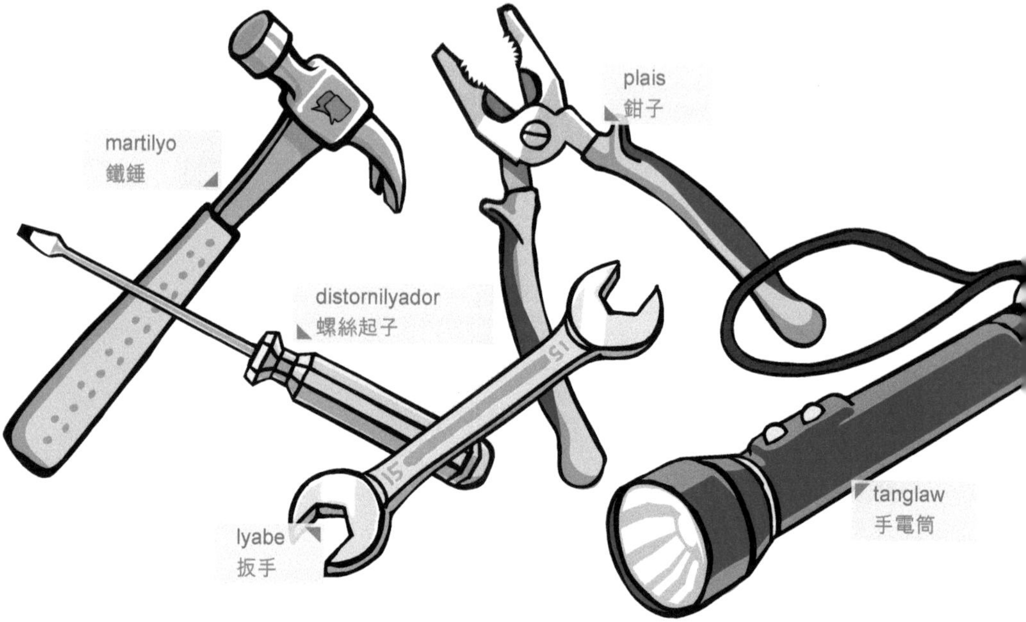

martilyo
鐵錘
plais
鉗子
distornilyador
螺絲起子
lyabe
扳手
tanglaw
手電筒


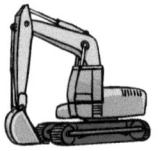

panghukay

挖掘機

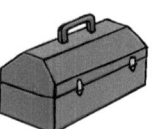

toolbox

工具箱

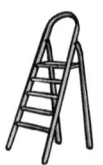

hagdan

梯子

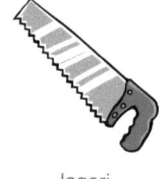

lagari

鋸子

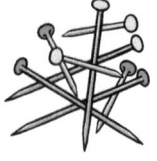

mga pako

釘子

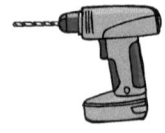

pambutas

鑽機

kumpunihin
修

pala
鏟子

Kainis!
糟糕！

pandakot
畚箕

palayok ng pintura
油漆桶

mga tornilyo
螺絲

# mga pangmusikang instrumento
## 樂器

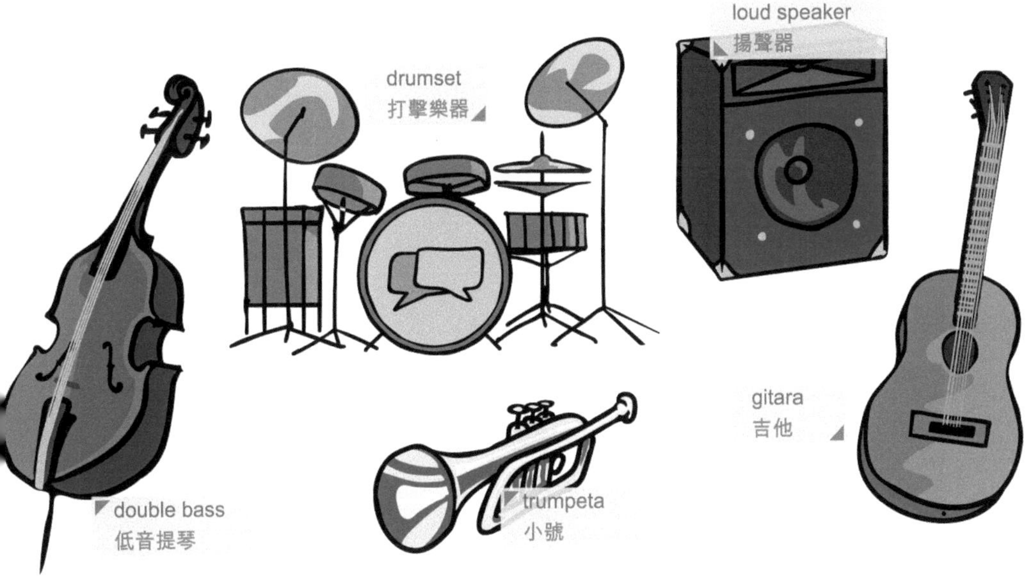

loud speaker
揚聲器

drumset
打擊樂器

gitara
吉他

double bass
低音提琴

trumpeta
小號

piyano

鋼琴

biyolin

小提琴

bass

貝斯

timpani

定音鼓

mga drum

鼓

keyboard

電子琴

saksopon

薩克斯風

plauta

長笛

mikropono

麥克風

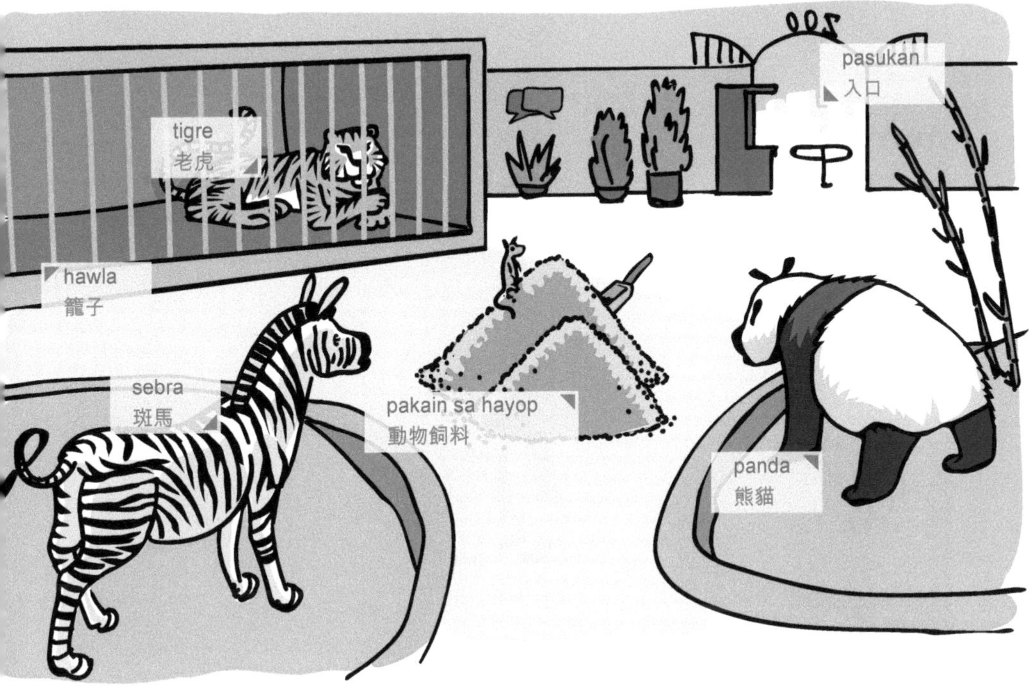
zoo
pasukan
入口
tigre
老虎
hawla
籠子
sebra
斑馬
pakain sa hayop
動物飼料
panda
熊貓

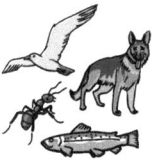

mga hayop
動物

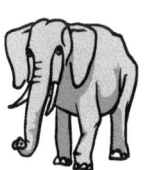

elepante
大象

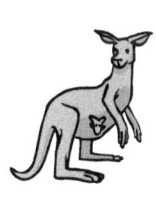

kanggaro
袋鼠

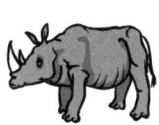

rhino
犀牛

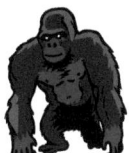

gorilya
大猩猩

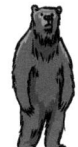

oso
熊

kamelyo

駱駝

ostrich

鴕鳥

leon

獅子

unggoy

猴子

flamingo

紅鶴

loro

鸚鵡

polar bear

北極熊

penguin

企鵝

pating

鯊魚

paboreal

孔雀

ahas

蛇

buwaya

鱷魚

tagapag-alaga ng zoo

動物園管理員

seal

海豹

jaguar

美洲豹

buriko

矮種馬

leopardo

豹

hipo

河馬

dyirap

長頸鹿

agila

老鷹

bulugan

野豬

isda

魚

pagong

龜

walrus

海象

soro

狐狸

gasel

羚羊

Amerikanong putbol
橄欖球

pamimisikleta
騎腳踏車

tennis
網球

basketbol
籃球

paglalangoy
游泳

boksing
拳擊

ice-hockey
冰球

soccer
美式足球

badminton
羽毛球

atletiks
田徑

handball
手球

skiing
滑雪

polo
馬球

tumawa
笑

tumalon
跳

yakapin
擁抱

lumakad
走路

kumanta
唱

mangarap
做夢

magdasal
祈禱

halikan
親吻

| | | |
|---|---|---|
| sumulat<br>書寫 | gumuhit<br>畫 | ipakita<br>展示 |
| itulak<br>推 | magbigay<br>給 | kunin<br>拿 |

magkaroon

有

tumayo

站

itapon

丟

hintayin

等待

magbihis

穿衣

gawin

做

tumakbo

跑

malaglag

摔倒

dalhin

攜帶

maging

當

hilahin

拉

mahiga

躺

umupo

坐

matulog

睡覺

gumising

醒來

tumingin

看

umiyak

哭

estilo

擊

magsuklay

梳頭

magsalita

交談

intindihin

明白

magtanong

問

makinig

聽

uminom

喝

kumain

吃

linisin

清理

mahal

愛

magluto

做飯

magmaneho

開車

lumipad

飛

maglayag

航行

kalkulahin

計算

basahin

讀

matuto

學習

trabaho

工作

pakasalan

結婚

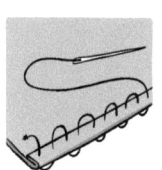

tahiin

縫

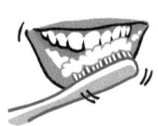

magsipilyo ng ngipin

刷牙

patayin

殺

manigarilyo

抽菸

magpadala

寄

lola
祖母

lolo
祖父

ama
父親

ina
母親

sanggol
嬰兒

anak na babae
女兒

anak na lalaki
兒子

panauhin

客人

tiya

阿姨

tiyo

叔叔

kuya

兄弟

ate

姐妹

# katawan

## 身體

noo
前額
mata
眼睛
balikat
肩膀
daliri
手指
mukha
臉
baba
下巴
kamay
手
binti
腿
suso
乳房
bisig
手臂


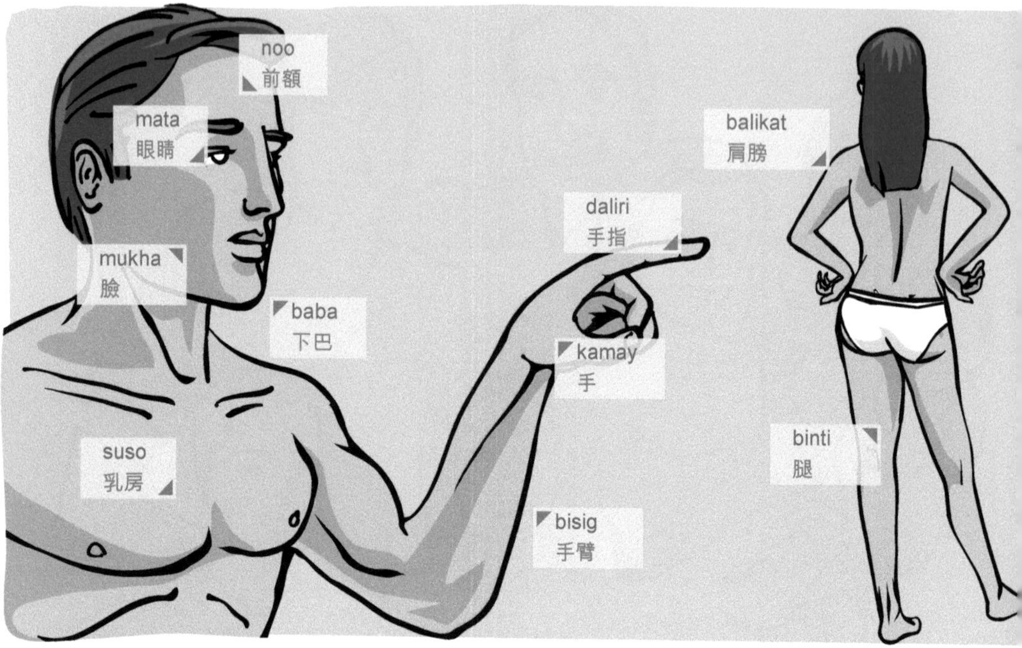

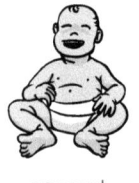

sanggol

嬰兒

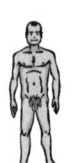

lalaki

男人

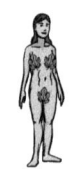

babae

女人

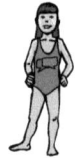

batang babae

女孩

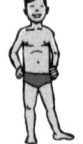

batang lalaki

男孩

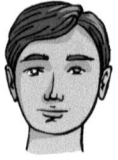

ulo

頭

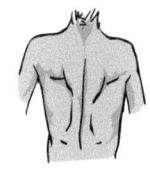

likod
背部

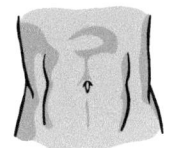

tiyan
肚子

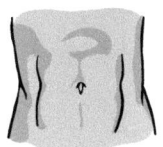

pusod
肚臍

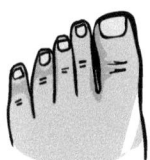

daliri ng paa
腳趾

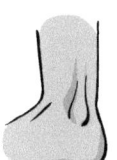

takong
腳後跟

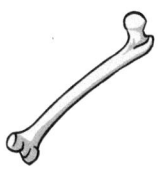

buto
骨頭

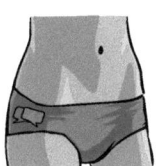

balakang
臀部

tuhod
膝蓋

siko
手肘

ilong
鼻子

gitna
屁股

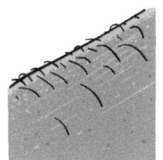

balat
皮膚

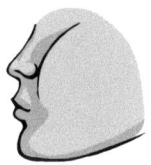

pisngi
臉頰

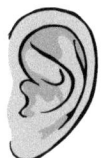

tainga
耳朵

labi
嘴唇

bibig

嘴

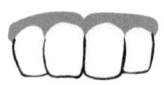

ngipin

牙齒

dila

舌頭

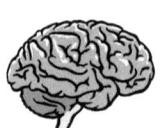

utak

腦

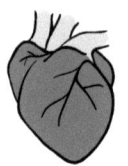

puso

心臟

kalamnan

肌肉

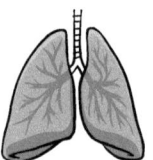

baga

肺

atay

肝臟

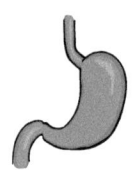

sikmura

胃

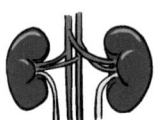

mga bato

腎臟

pagtatalik

性交

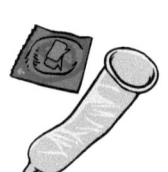

kondom

保險套

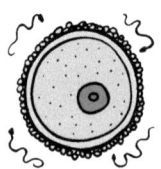

obyum

卵子

semen

精子

pagbubuntis

懷孕

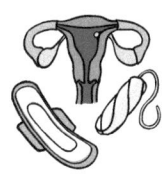

pagreregla

月事

vagina

陰道

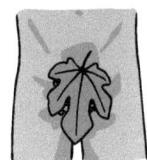

ari ng lalaki

陰莖

kilay

眉毛

buhok

頭髮

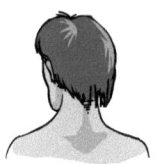

leeg

脖子

# ospital
# 醫院

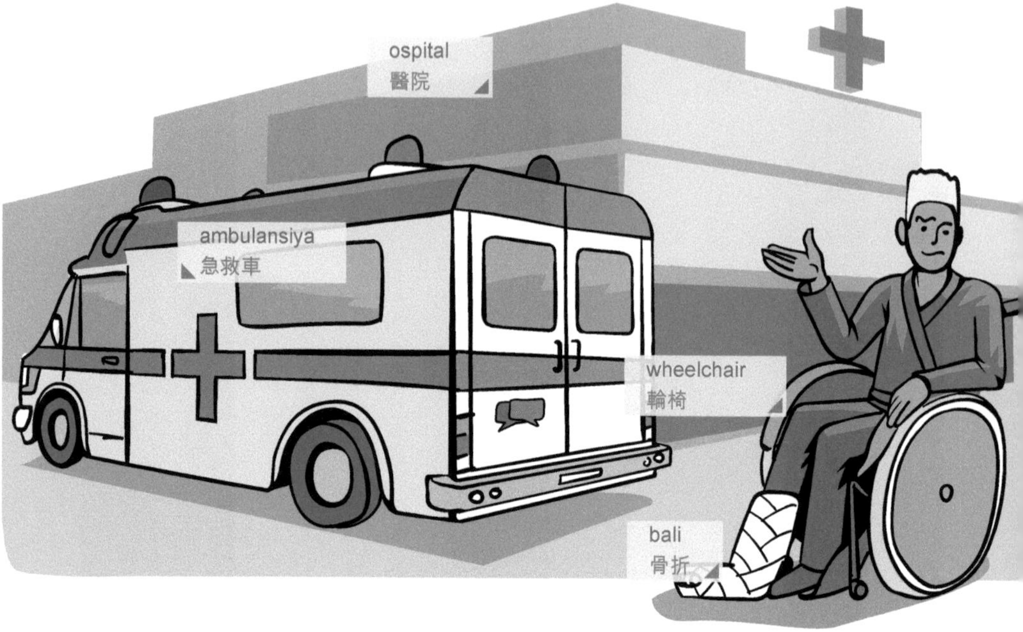

ospital
醫院
ambulansiya
急救車
wheelchair
輪椅
bali
骨折

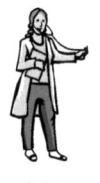

doktor
醫師

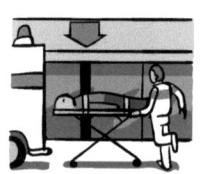

silid pang-emergency
急診室

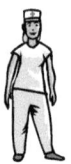

nars
護理師

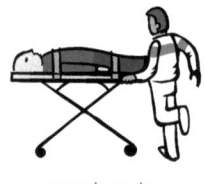

emerhensiya
緊急情形

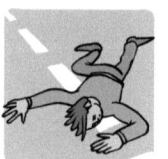

walang malay
昏迷

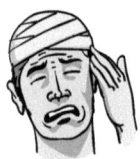

pananakit
痛

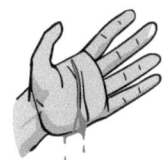

pinsala

受傷

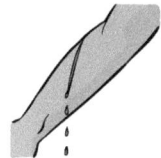

nagdurugo

出血

atake sa puso

心臟病發作

atake serebral

中風

alerdye

過敏

ubo

咳嗽

lagnat

發燒

trangkaso

流感

pagdudumi

腹瀉

sakit ng ulo

頭痛

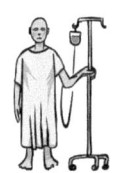

kanser

癌症

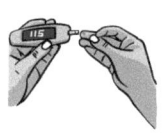

diyabetis

糖尿病

siruhano

外科醫師

iskalpel

手術刀

operasyon

手術

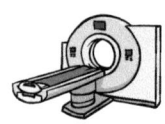

CT

電腦斷層掃描

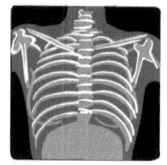

x-ray

X光

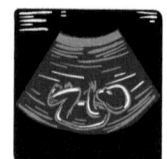

ultrasound

超音波

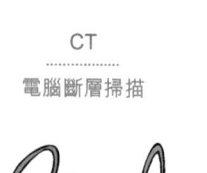

maskara sa mukha

口罩

sakit

疾病

silid-antayan

候診室

saklay

拐杖

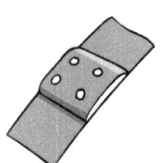

plaster

石膏

benda

繃帶

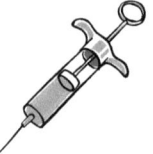

iniksyon

注射

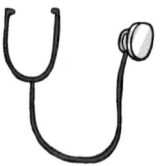

istetoskopyo

聽診器

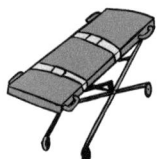

estretser

擔架

klinikal na termometro

體溫計

pagsilang

出生

labis sa timbang

超重

hearing-aid
......................
助聽器

pang-disimpekta
......................
消毒液

impeksyon
......................
感染

bayrus
......................
病毒

HIV / AIDS
......................
愛滋病

medisina
......................
藥物

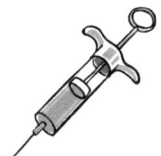

bakuna
......................
接種疫苗

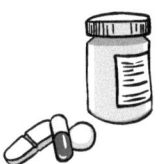

mga tableta
......................
藥片

tabletas
......................
藥丸

emergency na tawag
......................
急救電話

pagmamatyag sa presyon
ng dugo
......................
血壓計

may sakit / malusog
......................
生病/健康

Tulong!

救命！

alarma

警報

asulto

突擊

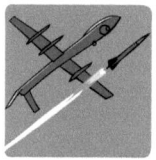

atake

攻擊

panganib

危險

labasang pang-emergency

緊急出口

Sunog!

失火了！

fire extinguisher

滅火器

aksidente

意外

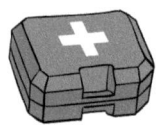

kagamitan sa paunang lunas

急救箱

SOS

呼救訊號

pulis

員警

Europa

歐洲

Hilagang Amerika

北美洲

Timog Amerika

南美洲

Aprika

非洲

Asya

亞洲

Australia

澳洲

Atlantika

大西洋

Pasipiko

太平洋

Dagat Indiano

印度洋

Dagat Antarktika

南冰洋

Dapat Arktika

北冰洋

Hilagang polo

北極

Timog polo

南極

Antartika

南極洲

mundo

地球

lupa

陸地

dagat

海

isla

島

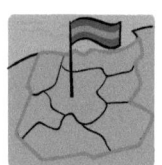

bansa

國家

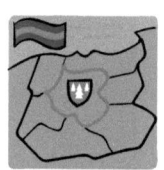

estado

州

mukha ng orasan

錶盤

orasang kamay

時針

minutong kamay

分針

segundong kamay

秒針

Anong oras na?

現在幾點？

araw

天

oras

時間

ngayon

現在

digital na relo

電子錶

minuto

分

oras

時

# linggo

## 週

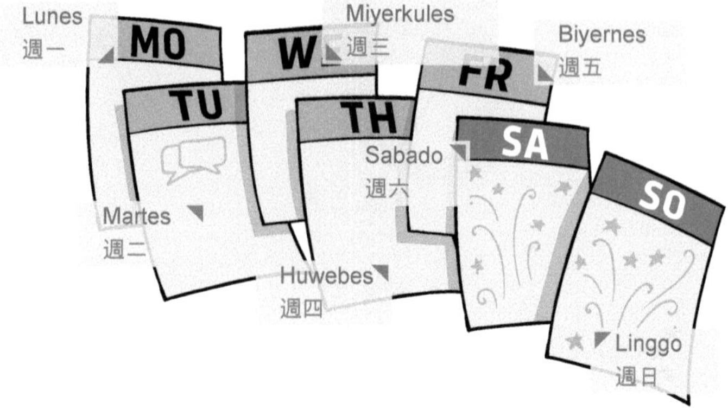
Lunes
週一
MO
TU
W
Miyerkules
週三
TH
FR
Biyernes
週五
SA
SO
Martes
週二
Sabado
週六
Huwebes
週四
Linggo
週日

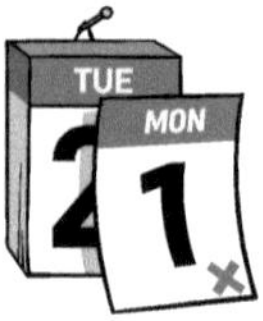
TUE
MON
1

kahapon

昨天

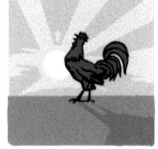

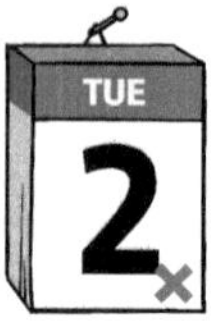
TUE
2

ngayon

今天

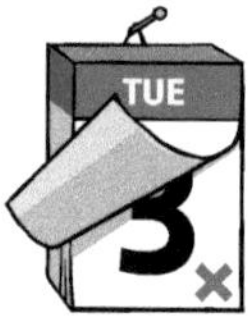
TUE
3

bukas

明天

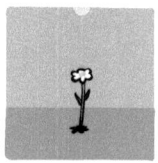

umaga

早晨

tanghali

中午

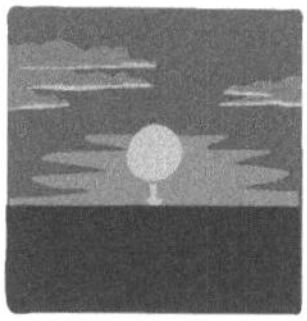

gabi

晚上

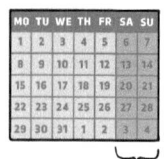

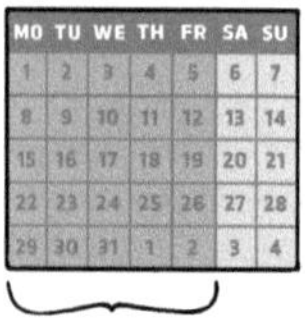
MO TU WE TH FR SA SU
1 2 3 4 5 6 7
8 9 10 11 12 13 14
15 16 17 18 19 20 21
22 23 24 25 26 27 28
29 30 31 1 2 3 4

mga araw ng negosyo

工作日

MO TU WE TH FR SA SU
1 2 3 4 5 6 7
8 9 10 11 12 13 14
15 16 17 18 19 20 21
22 23 24 25 26 27 28
29 30 31 1 2 3 4

katapusan ng linggo

週末

ulan
雨

bahaghari
▶彩虹

niyebe
雪

hangin
風

tagsibol
春

taglagas
秋

tag-init
夏

taglamig
冬

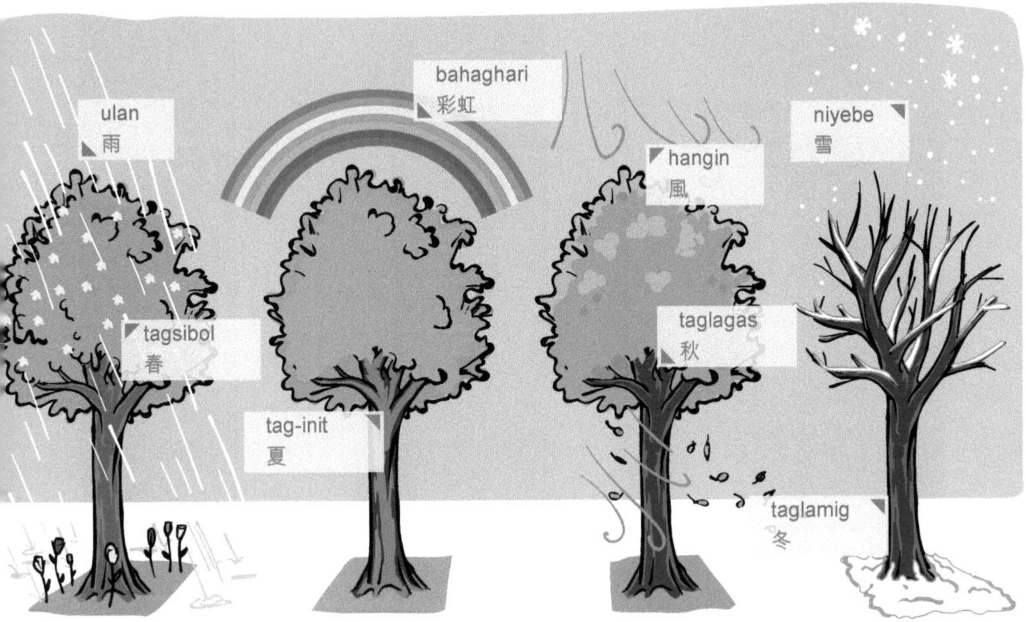

lagay ng panahon
天氣預告

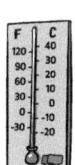

termometro
溫度計

sikat ng araw
陽光

ulap
雲

hamog
霧

kahalumigmigan
潮濕

kidlat

閃電

kulog

打雷

bagyo

風暴

may yelong ulan

冰雹

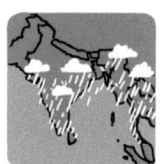

tag-ulan

季風

pagkain

洪水

yelo

冰

Enero

一月

Pebrero

二月

Marso

三月

Abril

四月

Mayo

五月

Hunyo

六月

Hulyo

七月

Agosto

八月

Setyembre

九月

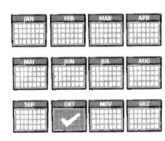

Oktubre

十月

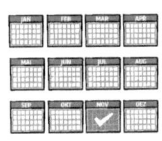

Nobyembre

十一月

Disyembre

十二月

## mga hugis

### 形狀

bilog

圓形

parisukat

正方形

rektanggulo

長方形

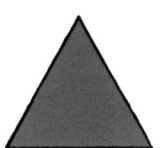

tatsulok

三角形

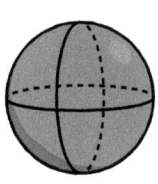

pabilog

球體

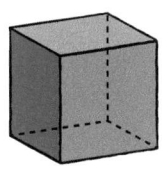

kyub

立方體

puti

白

dilaw

黃

kahel

橙

rosas

粉

pula

紅

ube

紫

asul

藍

berde

綠

brown

棕

grey

灰

itim

黑

marami / kakaunti

很多/少許

takot / kalmado

生氣/平靜

maganda / pangit

美/醜

simula / katapusan

首/尾

malaki / maliit

大/小

matingkad / madilim

明/暗

kuya / ate

兄弟/姐妹

malinis / madumi

乾淨/骯髒

kumpleto / kulang

完整/缺失

araw / gabi

白天/晚上

patay / buhay

死/生

malawak / makipot

寬/窄

nakakain / hindi nakakain

可食用/非食用

masama / mabuti

邪惡/善良

nakakatuwa / nakakainip

興奮/無聊

mataba / payat

胖/瘦

una / huli

第一/最後

kaibigan / kaaway

朋友/敵人

puno / walang laman

滿/空

matigas / malambot

硬/軟

mabigat / magaan

重/輕

gutom / uhaw

餓/渴

may sakit / malusog

生病/健康

ilegal / legal

非法/合法

matalino / tanga

聰明/愚笨

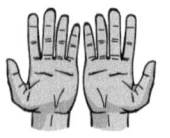

kaliwa / kanan

左/右

malapit / malayo

近/遠

bago /gamit na

新/舊

wala /mayroon

沒有/有些

matanda / bata

老/幼

naka-on / naka-off

開/關

bukas / sarado

打開/闔上

tahimik / maingay

安靜/吵鬧

mayaman / mahirap

富/窮

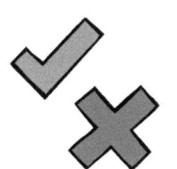

tama / mali

對/錯

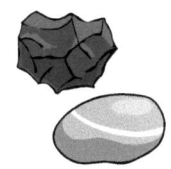

magaspang / makinis

粗糙/光滑

malungkot / masaya

傷心/高興

maikli / mahaba

短/長

mabagal / mabilis

慢/快

basa / tuyo

濕/乾

maligamgam / malamig

溫暖/涼爽

digmaan / kapayapaan

戰爭/和平

magkasalungat - 反義詞　　　87

**0**

sero

零

**1**

isa

一

**2**

dalawa

二

**3**

tatlo

三

**4**

apat

四

**5**

lima

五

**6**

anim

六

**7**

pito

七

**8**

walo

八

**9**

siyam

九

**10**

sampu

十

**11**

labing-isa

十一

# 12
labindalawa
十二

# 13
labintatlo
十三

# 14
labing-apat
十四

# 15
labinlima
十五

# 16
labing-anim
十六

# 17
labimpito
十七

# 18
labing-walo
十八

# 19
labinsiyam
十九

# 20
dalawampu
二十

# 100
daan
百

# 1.000
libo
千

# 1.000.000
milyon
百萬

# mga wika

Ingles

英語

Amerikan na Ingles

美式英語

Tsinong Mandarin

普通話

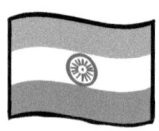

Hindi

印地語

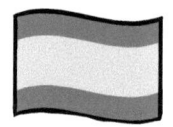

Espanyol

西班牙語

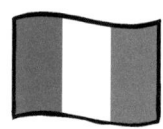

Pranses

法語

Arabe

阿拉伯語

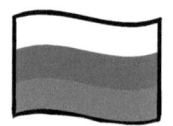

Ruso

俄語

Portuges

葡萄牙語

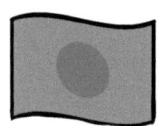

Bengali

孟加拉語

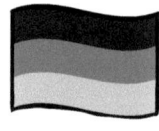

Aleman

德語

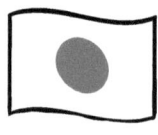

Hapon

日語

ako

我

ikaw

你

siya / siya / ito

他/她/它

kami

我們

ikaw

你們

sila

他們

sino?

誰？

ano?

什麼？

paano?

如何？

saan?

何處？

kailangan?

何時？

pangalan

名字

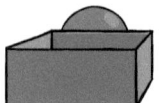

likuran

後面

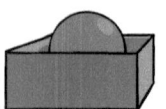

saan

裡面

sa harap ng

前面

itaas

上方

sa

上面

ilalim

下麵

katabi

旁邊

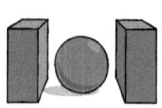

pagitan

中間

lugar

地點